LES CHRÉTIENS ONT-ILS INCENDIÉ ROME SOUS NÉRON ?

© 2022 Culturea Editions
Editions : Culturea (Hérault, 34)
contact : infos@ culturea.fr
ISBN : 9782382742952
Dépôt légal : octobre 2022
Tous droits réservés pour tous pays

LES CHRÉTIENS ONT-ILS INCENDIÉ ROME SOUS NÉRON ?

Paul ALLARD

CHAPITRE PREMIER. — Une nouvelle théorie sur l'incendie de Rome au temps de Néron.

CHAPITRE II. — Le récit de Tacite.

CHAPITRE III. — Les sentiments des premiers chrétiens de Rome.

CHAPITRE IV. — Les deux hypothèses de Tacite.

CHAPITRE V. — Tacite et les chrétiens.

CHAPITRE VI. — Le silence des adversaires du christianisme.

CHAPITRE VII. — Le silence des apologistes.

CHAPITRE VIII. — L'opinion des historiens antiques

CHAPITRE PREMIER. — Une nouvelle théorie sur l'incendie de Rome au temps de Néron.

Un problème historique, posé il y a quelque temps en Italie, a soulevé dans ce pays des discussions nombreuses et passionnées. Tout le monde connaît le célèbre roman de Sienkiewicz, *Quo vadis ?* Les opinions peuvent varier sur la valeur de cet essai de reconstitution de la Rome néronienne, et de ce tableau des premiers rapports de l'Empire romain avec la chrétienté naissante. A coup sûr, on ne saurait refuser à l'auteur le don d'écrire des pages puissantes, et d'évoquer des visions du passé qui frappent vivement l'imagination et demeurent longtemps dans la mémoire. Plusieurs, cependant, préféreraient une manière plus ferme et plus concise, et regrettent que le dessin se dérobe trop souvent sous l'abondance et l'éclat des couleurs. J'avoue que telle est mon impression, quand je relis un des passages les plus admirés de son livre, la description de l'incendie de Rome. Le sobre récit de Tacite me paraît autrement expressif et émouvant. Quoi qu'il en soit, le grand succès du roman de Sienkiewicz n'a pas éé éanger au progrès des études historiques, en rappelant l'attention sur les sources antiques où l'écrivain polonais a puisé les éléments de sa fiction. Un érudit italien, M. Carlo Pascal, professeur à l'université de Catane, et déjà connu par d'intéressantes *Études d'antiquité et de mythologie* [1], y a trouvé l'occasion de soumettre à un examen nouveau le fait historique autour duquel se déroule l'œuvre du romancier, à savoir l'incendie qui détruisit deux tiers de la ville de Rome en l'an 64 et la sanglante répression qui le suivit. De là l'objet d'un mémoire publié en 1900 sous ce titre : *L'Incendio di Roma e i primi Cristiani*. Le succès de cet écrit n'est pas épuisé, car une quatrième édition vient de paraître, augmentée de plusieurs appendices, et portant la date de 1900 [2]. Écartant l'opinion la plus généralement admise par les historiens modernes, qui attribue l'incendie au hasard, et l'opinion populaire, rapportée par Tacite, qui l'impute à une volonté criminelle de Néron, M. Pascal dénonce les chrétiens comme en ayant été les véritables auteurs.

On comprend l'émotion causée par une assertion de cette nature. Aux uns, elle a paru un paradoxe ; d'autres se sont sentis blessés par elle dans leurs sentiments les plus intimes. Je me hâte de dire que rien, dans le mémoire de M. Pascal, ne marque l'intention de porter le débat sur un terrain autre que celui de la pure science. J'ajoute même que son opinion fût-elle démontrée, les âmes les plus jalouses du bon renom du christianisme n'auraient pas lieu de s'en alarmer outre mesure. Comme l'a dit M. Boissier, avec la sûreté habituelle de son jugement, quelques insensés, quelques anarchistes se seraient glissés parmi les premiers disciples du Maître, qu'il n'en faudrait pas être report sur lui, ni en rendre le christianisme responsable. Et le P. Semeria dit de son côté : Sans doute il pourrait nous déplaire que quelques chrétiens se soient rendus coupables de ce méfait ; mais cela ne pourrait en faire rejaillir la tache sur le christianisme lui-même [4]. Rien de plus juste, et c'est dans ces sentiments que j'entreprends, à

---

[1] *Studi di antichità e mitologia*, Milan, 1896.
[2] Première édition. Milan, 1900 ; 2e éd., Turin, 1900 ; 3e éd. (française) Paris, 1902 ; 4e éd. (italienne) dans un recueil de mélanges publié par M. Pascal sous ce titre : *Fatti e Leggende di Roma antica*, 1903, p. 178.
[3] Boissier, *L'incendie de Rome et la première persécution chrétienne*, dans le Journal des savants, mars 1902, p. 6.
[4] Semeria, *Il primo sangue cristiano*, Rome, 1901, p. 5.

mon tour, d'examiner la thèse du professeur de Carta. La polémique à laquelle elle a donné lieu a été si peu dominée, dans son ensemble, par les préoccupations religieuses, que parmi les adversaires les plus déclarés et les plus redoutables de son opinion se sont rencontrés des hommes comme M. Negri et M. Coen2, dont le jugement n'a, certes, pas été faussé en cette matière, par une partialité préconçue en faveur des idées chrétiennes3.

---

1 Negri, Nerone e il cristianesimo, dans Revista d'Italia n° 89 0;et tirage à part, Rome, Soc. éd. Dante Alighieri, 9
2 Coen, La Persecuzione neroniana dei cristiani dans la revue Atene e Roma, n° 22 Florence, 9
3 On trouvera l'indication des principales publications auxquelles a donné lieu celle de M. Pascal, dans un article bibliographique de M. Profumo, Nuovo Bullettino di archeologia cristiana 9 p 32

CHAPITRE II. — Le récit de Tacite.

Bien que d'autres écrivains des premiers siècles aient parlé de l'incendie de Rome, la question, telle que la pose M. Pascal, dépend du récit de Tacite. C'est donc celui-ci qu'il nous faut résumer, et citer même en partie, avant d'examiner les arguments proposés par le critique et les objections qu'ils soulèvent.

Tacite raconte que, le 9 juillet 64, éclata dans Rome un incendie qui fit plus de victimes et de ravages qu'aucun fléau semblable n'en avait encore fait dans la ville éternelle. Le feu prit dans le voisinage du Grand Cirque, au pied du Palatin. Dans cette partie de la onzième région, il y avait, dit Tacite, des boutiques pleines de marchandises, qui offrirent à la flamme un aliment facile : aussi l'embrasement fut-il rapide, et, poussés par le vent, les flammes enveloppèrent bientôt l'immense ovale du Cirque. Le feu, qui avait commencé dans une des parties basses de la ville, gagna ensuite les collines, redescendit dans les vallées et les espaces planes, et, suivant les ondulations du terrain, courut pendant six jours à travers Rome épouvantée. Sans doute, le dégât ne fut pas le même partout : là où la vieille Rome offrait ses rues tortueuses, ses énormes entassements de maisons, l'incendie n'épargnait rien : au contraire, dans les lieux non peuplés, où existaient de nombreux espaces laissés entre eux par les monuments publics, comme au Forum, il fit relativement peu de mal. Pendant ce temps, le peuple, affolé, s'était enfui dans la vaste plaine, alors inhabitée, du Champ de Mars, et avait cherché un abri dans les pièces publiques qu'elle contenait. Tacite peint à larges traits la foule des fugitifs ! emportant ses meubles, ses malades, parmi les cris des femmes, les lamentations de tous : les uns se sauvent en toute hâte, les autres hésitent, s'arrêtent, ne peuvent se décider à quitter le lieu où fut leur maison : beaucoup périssent victimes de ces retards, ou, pouvant s'échapper, meurent pour ne pas vivre après des êtres chers. Personne, ajoute l'historien, n'osait se défendre contre le fléau, parce que de beaucoup de gens faisaient entendre des menaces contre quiconque essayait, d'éteindre le feu, ou jetaient même des brandons pour l'exciter, criant qu'ils avaient des ordres : soit qu'ils en eussent en effet, soit qu'ils pillassent ainsi pour n'être pas empêchés de piller 1.

Néron était à Antium, quand l'incendie commença. Il ne rentra dans Rome qu'après que le feu eut atteint sa demeure, située entre le Palatin et l'Esquilin. Néron fit de grands efforts pour venir en aide à la détresse du peuple : il donna, dans ses jardins du Transtévère, asile à la foule, il fit venir des meubles d'Ostie et des municipes voisins : il vendit du blé à vil prix. Mais ces soins, qui l'eussent dû rendre populaire, n'eurent point cet effet, dit Tacite, parce que le bruit s'était répandu que, pendant que brûlait la ville, il était monté sur son théâtre domestique, et avait chanté la ruine de Troie, comparant le malheur présent aux infortunes célèbres de l'antiquité 2.

Après six jours, cependant, le fléau semblait conjuré. Le feu avait cessé au pied de l'Esquilin. Tout à coup il se rallume dans un des quartiers les plus riants de Rome, au milieu des jardins et des maisons de plaisance dont le Pincio était couvert dès cette époque. Ce nouvel incendie, qui dévora beaucoup de beaux édifices, fit cependant moins de victimes que le premier, parce que dans cette région aristocratique, pleine d'espaces et de verdure, les maisons n'étaient point

---

1 Tacite, *Ann.*, XV, 8
2 Tacite, *Ann.*, XV, 9

pressés comme dans les quartiers populaires. Mais, il porta au comble l'indignation de la foule, parce qu'il avait eu son origine dans les jardins de Tigellin, le plus intime confident de Néron. Néron semblait avoir cherché la gloire de bâtir une ville nouvelle, à qui il donnerait son nom1. En résumé selon Tacite, sur les quatorze régions de Rome, quatre n'avaient été touchées par le feu, trois étaient entièrement détruites, dans les sept autres restaient quelques maisons, menaçant ruine et à demi brûlées.

Tacite raconte ensuite les mesures prises par Néron pour rebâtir une nouvelle Rome. Il parle des cérémonies expiatoires ordonnées pour conjurer la colère des dieux2. Mais, ajoute-t-il, ni les secours humains, ni les largesses du prince, les expiations ne pouvaient effacer le soupçon infamant, que l'incendie avait eu lieu par ordre. Pour faire taire cette rumeur, Néron suscita des accusés, et soumit aux supplices les plus raffinés les hommes odieux à cause de leurs crimes que le vulgaire appelait chrétiens. Celui dont ils tiraient ce nom, Christ, avait été sous le règne de Tibère, supplicié par le procurateur Ponce Pilate. L'exécrable superstition, réprimée d'abord, faisait irruption de nouveau, non seulement dans la Judée, origine de ce mal, mais jusque dans Rome où reflue et se rassemble ce qu'il y a partout ailleurs de plus atroce et de plus honteux. On saisit d'abord ceux qui avouaient, puis, sur leur indication, une grande multitude, convaincue moins du crime d'incendie que de la haine du genre humain. On ajouta la moquerie aux tourments; des hommes enveloppés de peaux de bêtes mouraient déchirés par les chiens, ou furent attachés à des croix ou furent destinés à être enflammés, et, quand le jour tombait, allumés en guise de flambeaux nocturnes. Néron avait prêtées jardins pour ce spectacle, et y donnait des courses, mêlé à la foule en habit de cocher, ou monté sur un char. Aussi, bien que ces hommes fussent coupables, et dignes des dernières rigueurs, on avait pitié parce qu'ils étaient sacrifiés non à l'utilité publique, mais à la cruauté d'un seul3.

---

1 Tacite, *Ann.*, XV, 0— Pour suivre dans tous les détails le récit de Tacite, on s'aidera utilement du grand plan de Rome, essai de restauration archéologique de la ville ancienne, publié par Paul Aucler, chez Delagrave, 1
2 Tacite, *Ann.*, XV, 3 4
3 Tacite, Ann., XV, 4

CHAPITRE III. — Les sentiments des premiers chrétiens de Rome.

Sur ce récit de Tacite, étudié au point de vue historique dans son ensemble et au point de vue philologique dans le détail de quelques expressions, M. Pascal appuie la démonstration de la culpabilité des chrétiens. Mais avant de commencer cette démonstration, et comme préface à celle-ci, il essaie de peindre les sentiments qui, selon lui, ont pu conduire à un forfait tel que l'incendie de Rome les membres de la communauté chrétienne. Se proposant de prouver qu'ils en furent coupables, il tente de démontrer d'abord qu'ils en étaient capables.

M. Pascal fait remarquer que tous les chrétiens étaient loin d'être parfaits. Il y avait parmi eux beaucoup d'hommes mal pénétrés de l'idéal évangélique, se faisant un dieu de leur ventre, comme le dit énergiquement saint Paul[1], attachés aux choses terrestres, et dont la conscience ne répugnait pas aux pires forfaits. Rien, assurément, n'est plus conforme à l'histoire; il suffit de parcourir les écrits apostoliques pour voir les premiers prédicateurs de l'Évangile occupés à corriger ou même à expulser ces éléments inférieurs. Qu'ils n'y soient pas toujours parvenus, et que l'Église naissante, comme toute agglomération d'hommes, ait possédé des mauvais à côté des bons, il faudrait être bien naïf pour le contester. M. Pascal est donc prêt à voir dans ces chrétiens grossiers, gens du peuple animés d'une basse envie ou esclaves encore remplis de ressentiments et de rancunes, les misérables avides de vengeance, de violence et de pillage[3], les scélérats affranchis de tout frein humain ou divin[4], qui allumèrent l'incendie. Mais, ce qui paraît moins logique, il prête en même temps à ces incendiaires des sentiments du plus extrême mysticisme. Selon lui, les gens qui brûlèrent Rome crurent par là avancer le règne de Dieu et hâter l'avènement du Christ. Les premiers chrétiens pensaient que cet avènement était tout prochain. Ils s'attendaient à voir la fin du monde, et avec elle le renouvellement de toutes choses. Le moyen de précipiter cette fin, c'était, leur semblait-il, d'amener par la destruction de Rome la fin de l'Empire. Tertullien n'a-t-il pas dit que la durée du monde est liée à celle de l'Empire romain[6] ?

Je laisse de côté l'anachronisme qu'il peut y avoir à expliquer par des paroles de Tertullien l'état d'esprit de contemporains de Néron. Il se trouve précisément que le mot du célèbre apologiste africain, comme tant d'autres mots des apologistes de l'époque antonine et de la période suivante, est une expression de loyalisme politique, bien loin de traduire le sentiment d'hommes qui aspireraient à la destruction de l'ordre de choses existant. Ceci dit il convient de se demander comment des gens qu'on nous représente comme constituant l'élément mauvais indocile, réfractaire, la lie de la communauté chrétienne, et capables ainsi de commettre un crime tel que l'incendie de Rome, auraient été en même temps des spiritualistes assez exaltés pour chercher dans ce crime non l'assouvissement de basses passions, mais l'établissement du royaume de Dieu[7].

---

1 Saint Paul, *Philip*., III, 9 Cf. *Rom.*, XVI, 8
2 Saint Paul, *Philip*., III, 9
3 Pascal, *Fatti e Leggende*, p 15
4 Pascal, *Fatti e Leggende*, p 5
5 Pascal, *Fatti e Leggende*, p 3
6 Tertullien *Apologétique*, 2 Cf. *Ad Scapulam*, 2
7 Pascal, *Fatti e Leggende*, p 9 12

L'hypothèse est assurément peu logique ; mais j'ajoute que, à un autre point de vue, elle me paraît tout à fait fausse. Rien, dans l'enseignement évangélique, n'était de nature à donner, même aux esprits les plus mal faits, l'idée bizarre que de la destruction de Rome pouvait dépendre l'avènement du Christ, l'accomplissement intégral des promesses divines. Quand le Sauveur parle de son second avènement, c'est pour dire que le jour en est inconnu de tous, excepté du Père céleste 1 ; c'est pour ordonner à ses fidèles de l'attendre dans la patience et les bonnes œuvres. Toujours s'il s'efforce de les prévenir contre ce qui serait hâtif et violent : aux serviteurs de la parabole, qui voulaient arracher l'ivraie dans le champ du père de famille, celui-ci commande de laisser croître l'ivraie jusqu'à la moisson, de peur qu'ils n'arrachent en même temps le bon grain. M. Pascal a eu l'idée, qui me paraît un peu étrange, de chercher dans l'Évangile un mot ayant pu suggérer l'incendie. Il croit le trouver dans cette parole de Jésus : Je suis venu apporter le feu sur la terre. Mais qui ne voit là une métaphore, où il est question de tout autre chose que du feu matériel ? Et ne serait-ce pas plutôt le cas de rappeler ce bel épisode évangélique, où aux disciples qui demandaient au Seigneur de faire descendre le feu du ciel sur une ville qui avait refusé de les recevoir, Jésus répond : Vous ne savez de quel esprit vous êtes, *nescitis cujus spiritus estis*4 ?

Les récits de la vie du Maître et ses discours redits ou résumés par les Évangiles ne contenaient donc rien qui pû former dans la communauté chrétienne le courant d'idées d'un anarchisme ou d'un nihilisme mystique qu'y a cru voir M. Pascal ; et à coup sûr le Sauveur, en recommandant à ses fidèles de rendre à César ce qui est à César, ne soufflait pas en eux l'esprit de révolte. Le commentaire que les apôtres ont donné de la doctrine du Christ n'est pas moins conservateur, si l'on peut employer ici une expression moderne. Sans doute, ils disent à leurs disciples que la figure de ce monde passe, et qu'il n'y faut pas attacher son espérance ; ils enseignent que le chrétien n'a pas ici-bas de cité permanente5 ; et eux aussi, comme toute la première génération chrétienne, paraissent croire que le second avènement du Christ est prochain. Mais c'est pour dire aux fidèles : Que votre douceur soit connue de tous les hommes. Le Seigneur est près de nous6. En attendant, ils leur déconseillent énergiquement toute action qui ébranlerait les bases de l'ordre social. Ils leur recommandent de bénir ceux qui les persécutent, et de s'abstenir de maudire personne, ... de ne rendre à personne le mal pour le mal, ... de marcher en pleine lumière, obéissant aux autorités, car toute puissance vient de Dieu, et quiconque y résiste, résiste à Dieu, se faisant de cette soumission un devoir de conscience, payant exactement l'impôt, sous quelque forme qu'il soit exigé. C'est aux chrétiens de Rome, vers l'an 58 six ans avant l'incendie, que saint Paul adresse ces paroles : l'état d'âme qu'elles devaient entretenir en eux ne ressemble guère à celui que décrit M. Pascal. Dans ses lettres aux autres communautés chrétiennes, saint Paul tient toujours le même langage : c'est à la société

---

1 *Matthieu*, XXIV, 36 ; *Marc* XIII, 32
2 *Matthieu*, XIII, 28-30
3 *Luc*, XII, 49
4 *Luc*, IX, 55
5 *Hebr.*, XIII, 14
6 Saint Paul, *Rom.*, XII, 14-17
7 Saint Paul, *Rom.*, XIII, 1-3
8 Saint Paul, *Rom.*, 14
9 Saint Paul, *Rom.*, 6-7

9

organisé qu'il s'adresse, et c'est elle qu'il veut maintenir : il rappelle aux gens mariés leurs obligations réciproques, aux enfants la soumission et l'honneur dus aux parents, aux parents le devoir d'éducation envers leurs enfants, aux esclaves l'obéissance vis-à-vis des maîtres, aux maîtres la douceur vis-à-vis des esclaves 1 ; il enseigne même aux fidèles à prier pour les rois et pour tous les dépositaires de l'autorité. Il ne cherche point à hâter la fin du monde, car il déclare que c'est par la génération des enfants que la femme sera sauvée 3. Il veut que les femmes aient soin de leur maison. Il pense peut-être que le dernier jour ne se fera pas longtemps attendre ; mais sa parole inspirée trace pour la postérité chrétienne les règles que devra suivre une société destinée à durer.

Saint Pierre, dans une épître écrite de Rome même, dont un récent critique fait remarquer le caractère tout romain, s'exprime dans le même sens, avec plus de force encore, s'il est possible. Soyez soumis, au nom de Dieu, à toute créature, permit-il aux chrétiens orientaux, soit au roi, parce qu'il est le premier, soit aux gouverneurs, parce qu'ils ont été envoyés pour le châtiment des méchants et la louange des bons 6. Et il continue : Craignez Dieu, honorez le roi. Esclaves, soyez soumis à vos maîtres en toute révérence, non seulement à ceux qui sont bons et modérés, mais à ceux mêmes qui sont durs. Car il est selon la grâce de Dieu, de supporter la tristesse et de souffrir injustement. Les femmes sont exhortées à demeurer soumises à leurs maris, même païens 8, les hommes à avoir pour leurs femmes amour et respect. Tous les chrétiens, en général, reçoivent de l'apôtre la recommandation d'éviter toutes fautes que punit la justice des hommes, de n'être ni homicides, ni voleurs, ni médisants, ni avides des biens d'autrui ; que s'ils doivent être persuivis, que ce soit comme chrétiens seulement et non comme suspects de quelque délit prévu par les lois 10. Au jugement du plus grand nombre des critiques, cette épître est postérieure à l'incendie de Rome 11 ; mais nul doute qu'elle ne résume les enseignements habituels du chef des apôtres, et que ces enseignements n'aient été aussi conservateurs de l'ordre établi que ne le furent ceux de saint Paul.

Quand on n'a point oublié leurs leçons, on n'est pas tenté de transporter de l'avenir dans le présent d'autres paroles des écrits apostoliques, où il est dit que les éléments du monde seront un jour détruits par le feu : cela n'a aucun rapport avec la question qui nous occupe, et avec les sentiments dont purent être animés les premiers chrétiens à l'égard de la civilisation romaine. On sent même qu'il y aurait un trop grand anachronisme à juger de ces sentiments par les images de châtiment et de ruine dont sont remplis certains chapitres de l'*Apocalypse* : ce livre est postérieur à l'année 64, probablement même en est-il

---

1 *Ephes*., V, 22; VI, 19; *Coloss*., III, 18; IV, 1; I *Tim*., XV, 12; *Tit*., II, 9
2 I *Tim*., VI, 2
3 I *Tim*., II, 5
4 *Tit*., IV, 5
5 Ramsay *The Church and the roman Empire*, p 8
6 I *Petr*., II, 14
7 I *Petr*., III, 19
8 I *Petr*., III, 1
9 I *Petr*., III, 7
10 I *Petr*., IV, 56
11 Sur la date de la première épître de saint Pierre voir mon *Histoire des persécutions pendant les cieux premiers siècles*, 2 éd., p 6
12 II *Petr*., III, 7 10

séparés par le long intervalle de trente ans[1] : la Rome sur laquelle le voyant appelle la vengeance divine n'est pas la Rome qui n'avait pas encore persécuté les chrétiens, mais la Rome contre laquelle demandent justice les âmes de ceux qui ont été tués pour la parole de Dieu[2], la grande Babylone, ivre du sang des martyrs de Jésus[3]. Les griefs qui trouvent ici leur expression n'existaient pas encore, à la veille des événements de 64; on peut même dire qu'ils ne furent jamais sentis très vivement par les chrétiens de Rome, qui, au temps même où saint Jean écrivait l'*Apocalypse* dans son exil de Patmos, offraient à Dieu la belle prière pour l'empereur et l'Empire dont saint Clément nous a conservé la formule. L'*Apocalypse* traduit, en paroles d'une obscure et sublime poésie, les pensées des chrétiens asiatiques, non les dispositions que, même persécutés, pouvaient à l'égard de l'Empire les chrétiens de Rome, moins encore sans doute celles qu'ils avaient éprouvés avant d'avoir été touchés par la persécution.

Aussi ne peut-on s'empêcher de reconnaître que le paragraphe par lequel M. Pascal conclut la première partie de sa démonstration ne trouve aucun appui dans les documents et dans les faits. Si donc, écrit-il, la destruction de l'Empire, l'anéantissement de l'Antéchrist, était le commencement de la divine justice, on aura besoin, je crois, d'une volonté bien solide pour nier encore que les pauvres fanatiques, peut-être poussés par des excitations malveillantes, aient voulu en finir avec l'Empire et avec Rome. Le feu, le feu dévastateur avait mis fin à l'abomination et rendu à l'humanité dans l'innocence. Comme la puissance de la lumière était précédée de celle des ténèbres, et le règne de Dieu de celui du monstre, ainsi le feu divin devait être précédé du feu humain, qui anéantirait le siège même de l'Empire[5]. Malgré la conviction sincère, et même éloquente, dont sont animés ces paroles, il me semble impossible de voir dans les sentiments prêtés ainsi aux premiers chrétiens de Rome autre chose qu'une imagination toute gratuite de l'auteur, du roman historique, et non d'histoire.

---

1 L'opinion traditionnelle (saint Irénée, *Adv. Hæres*, V, 30) qui place à la fin du règne de Domitien la composition de l'*Apocalypse*, est aujourd'hui acceptée par le plus grand nombre des critiques. Voir *Hist. des persécutions pendant les deux premiers siècles*, 2e éd., pp. note.
2 *Apocalypse*, VI, 9-11
3 *Apocalypse*, XVII, 6
4 Saint Clément, *Ad Cor.*, 61 Cf. Hist. des persécutions pendant les deux premiers siècles, 2e éd., p. 9
5 Pascal, *Fatti e Leggende di Roma antica*, p. 78

11

CHAPITRE IV. — Les deux hypothèses de Tacite.

J'ai hâte de me trouver sur un terrain plus solide, d'arriver à la partie positive de la thèse de M. Pascal. L'examen qu'il fait, avec beaucoup de dextérité et de science, du récit de Tacite, va nous permettre enfin de serrer la question de plus près, et de cesser de nous battre contre des fantômes.

La première observation de l'érudit critique est relative aux sources du récit de Tacite. D'après l'historien antique, ces sources étaient de deux sortes : les unes, qui attribuaient au hasard l'incendie de Rome, les autres qui l'attribuaient à Néron : *forte, an dolo principis, incertum :nam utrumque auctores prodidere*[1]. A en croire M. Pascal, le grand historien se serait adroitement servi de ces documents de provenance et d'inspiration diverses. Il ne paraît pas s'étudier à rendre cohérent son récit ; mais, empruntant tour à tour à l'un et à l'autre auteur, il arrive à donner au lecteur tantôt une version, tantôt l'autre. Tacite ne semble pas avoir réduit à l'unité dans cette partie de son ouvrage, mais s'être contenté d'une ébauche d'après des sources divergentes... Il n'a pas ramené le fait historique à une même conception : il a seulement juxtaposé des notions discordantes et de différente origine.

Je sais que depuis quelques années il est fort à la mode d'en prendre à son aise avec l'autorité de Tacite. Peu s'en faut qu'on ne le transforme en un historien tout à fait médiocre, incapable de s'assimiler les documents dont il se sert, et, sous l'ardent et sombre coloris de son style, voilà par faitement des fautes de composition dont rougirait un débutant. Je n'ai pas besoin de dire que les anciens le jugeaient tout autrement, et ils avaient sans doute de bonnes raisons pour cela. En ce qui concerne l'accès des sources, il ne faut pas oublier que Tacite était un grand personnage, qui avait passé par les charges les plus importantes de l'État, et devant qui s'ouvraient facilement toutes les archives. Relativement aux événements de 64 on ne saurait oublier davantage que Tacite avait environ dix ans quand ils se passèrent, qu'il grandit et vécut avec des contemporains plus âgés, avec des témoins des faits qu'il raconte, et que, par conséquent, il est presque un témoin lui-même. Qu'il n'ait pas donné plus d'unité et de cohérence à son récit, qu'il ait indiqué tantôt les circonstances qui pouvaient faire croire à un incendie fortuit, tantôt celles qui semblaient accuser Néron, cela ne prouve pas qu'il ait été un maladroit écrivain, assemblant sans aucun choix des matériaux disparates : cela indique que, sur un événement encore mal éclairci, les contemporains variaient, prenant parti les uns pour les autres contre Néron, et que Tacite, en historien sincère, n'ayant pu se faire à ce sujet une conviction personnelle, a voulu laisser paraître dans son récit les hésitations de l'opinion publique. S'il avait, comme M. Pascal semble regretter qu'il ne l'ait pas fait, pris résolument parti dans un sens ou dans un autre, selon l'expression de l'érudit italien, ramené le fait historique à une même conception, c'est alors que ses lecteurs auraient pu avoir de sérieux motifs de douter de son témoignage. Soit la partialité, soit le sentiment de l'art, eussent par l'emporter sur l'absolue

---

1 Voici la phrase entière : *Sequitur clades, forte, an dolo principis, incertum: nam utrumque auctores prodidere : sed omnibus, quæ huic urbi per violentiam ignium acciderunt, gravior atque atrocior.* Tacite, *Ann.*, XV, 38
2 *Fatti e Leggende*, p 15
3 *Fatti e Leggende*, p 17
4 *Fatti e Leggende*, p 17

sincérité historique. Mais c'est tout le contraire qui est arrivé Tacite dit nettement qu'il s'est servi de sources divergentes en empruntant à l'une et à l'autre, il a voulu mettre les lecteurs en état de former une opinion, sans prétendre leur imposer un jugement tout fait. Dès lors, il semble qu'il y ait tout lieu de le suivre avec confiance, pourvu qu'on lui demande seulement ce qu'il peut et veut donner 1.

Tacite indique d'abord les motifs de croire à un cas fortuit. Le feu a pris dans les environs du Grand Cirque, parmi les boutiques remplies de marchandises, : la flamme a trouvé dans ces marchandises un facile aliment, et précisément à cette heure soufflait un vent violent, qui la projeta sur le Cirque. Les rues étroites et tortueuses, l'énormité des pâtés de maisons, rendient facile la propagation de l'incendie : l'encombrement, les hésitations, les cris de la foule, paralysèrent tout secours *cuncta impediebant*. Mais Tacite indique ensuite les motifs qui firent croire à une intention criminelle. On avait vu des gens empêcher ceux qui essayaient d'éteindre le feu, y jeter même des matières propres à l'activer, en déclarant qu'ils avaient des ordres. Tacite, cependant, ne peut dire si ces misérables étaient des émissaires de Néron, ou des voleurs qui se faisaient passer pour tels afin de piller librement *sive ut raptus licentius exercerent seu jussu*. Racontant plus loin les efforts de Néron pour venir au secours de la foule laissée sans asile et sans ressources, l'historien ajoute que ces efforts ne parvinrent pas à rendre l'empereur populaire, et propage, sans rien affirmer, les bruits qui couraient alors *per vaser at r umpr* sur Néron chantant la ruine de Troie pendant que Rome brûlait. De même, quand il parle de la reprise de l'incendie, après l'accalmie du sixième jour, il dit que le peuple était indigné par ce que cette fois le feu partit de la villa de Tigellin, et que l'on crut que Néron avait cherché l'occasion de bâtir une ville nouvelle, qui porterait son nom. Tacite n'affirme rien, parce qu'il n'est sûr de rien : s'il note les circonstances suspectes, les bruits qui couraient, les mouvements de l'opinion, parce qu'il est historien et que cela appartient à l'histoire.

Tout, cependant, est-il vague et incertain dans son récit ? Non, car il en sort précisément une constatation très nette. Cette constatation, c'est que les sources écrites que Tacite eut sous les yeux, les témoignages oraux auxquels put recueillir, n'indiquent, pour expliquer l'incendie, que deux hypothèses : le cas fortuit, l'ordre de Néron *utrumque auctores prodidere*. Une affirmation aussi formelle et aussi complètement limitative exclut l'existence d'une troisième hypothèse, celle de la culpabilité des chrétiens. S'il en eût été question, Tacite n'eût point dit *utrumque*, mais *tria auctores prodidere* Aussi, quand M. Pascal, après avoir reproché au grand historien d'avoir puisé à des sources discordantes, ajouta : Nous verrons qu'une de ces sources accusait explicitement les chrétiens 2, il me paraît se mettre en contradiction avec le texte de Tacite, lequel, en disant que tout se réduit à la question de savoir qui, du hasard ou de Néron, brûla Rome, pose le seulement de deux opinions, et par là même nie qu'il y en ait une troisième.

---

1 Voir dans Boissier *Tacite*, p 69 le chapitre intitulé: *La conception de l'histoire dans Tacite*.
2 *Fatti e Leggende*, p 1

13

CHAPITRE V. — Tacite et les chrétiens.

J'arrive à la partie la plus importante du récit de Tacite, celle où il décrit la conduite de Néron vis-à-vis des chrétiens. L'historien a rappelé les sacrifices, les expiations : mais il a dit aussitôt que les démonstrations religieuses, pas plus que les largesses de l'empereur, ne parvinrent à écarter de celui-ci les soupçons infamants. C'est alors que Néron eut la pensée de présenter les chrétiens comme coupables de l'incendie.

L'expression employée par Tacite est très remarquable : *subdidit reos* La traduction qui se présente tout de suite à l'esprit est : Il substitua des accusés. Mais elle équivaudrait à dire : Il accusa faussement. Aussi, dans un intéressant appendice, joint à la dernière édition de son mémoire, M. Pascal conteste-t-il l'exactitude de cette traduction. Comme il le reconnaît très franchement, si elle était admise, contre cet écueil se briserait toute sa thèse [2]. A l'appui de son opinion, il cite plusieurs passages de Tacite où *subdere* a un sens différent de substituer [3]. Mais sa parfaite bonne foi l'oblige à en citer d'autres, dont le sens se rapproche au contraire de celui-ci et suppose l'introduction frauduleuse de quelqu'un ou de quelque chose [4]. Ce qui paraît lui avoir échappé, ce sont des phrases de la meilleure latinité, dans lesquelles *subdere* a le sens évident de substituer, et ne peut en avoir un autre. *Quis in meum, locum judicem subdidit ?* demande Cicéron [5]. Pline le Jeune, le contemporain et l'ami de Tacite, emploie deux fois *subdere* dans le même sens : *Liberum est nobis Silvanum in locum ejus subdere* [6] ; *qui post edictum tuum in locum eorum subditi fuerant* [7]. Du verbe *subdere* est venu l'adjectif *subditivus*, substitué, dont se sert Suétone [8].

Dira-t-on que, dans les exemples que j'emprunte à Cicéron et au second Pline, le sens du mot *subder* est éclairé par le contexte, et que cela n'a pas lieu dans le passage de Tacite qu'il s'agit d'interpréter ? C'est le contraire qui me semble vrai. Le contexte, ici encore, aide à fixer la signification du mot, et, selon moi, la rend tout à fait certaine. La phrase complète de Tacite est : *Ergo abolendo rumori subdidit reos* Il paraît naturel de la traduire : Donc, à un bruit qu'il fallait faire cesser Néron substitua des accusés... *Subdere in locum alicujus* ou *subdere abolendo rumori* sont ici des équivalents. Tacite ne pouvait dire plus clairement que Néron, voulant détourner de lui les soupçons, usa de l'idée infernale [10] de chercher dans les chrétiens non de vrais criminels mais des boucs émissaires à mettre en sa place.

---

1 *Fatti e Leggende*, p 85
2 *Fatti e Leggende*, p 8
3 *Neque fundamenta pr solidum subdidit*. *Ann.*, IV, 8 — *Subdito rumor*. *Ann.*, VI, 8 — *Ar atro subditur* *Ann.*, XII, 2 — *Imperio subderentur* *Ann.*, XII, 9 — *Capti subdidit*. *Hist.*, II, 9 — *Subditus rumor* *Hist.*, III, 5
4 *Ne quis necessarior um juvar et per iclitantem, majestis cr imina subdebantur, vinclum et necessuas silendi. Ann.*, III, 6 — ... *Subditis qui ter r or e carcer is, ad voluntar iam mor tem propeller ent* *Ann.*, XI, 2 — *Subdidit testamentum. Ann.*, XIV, 9
5 Cicéron, *Ad. div.*, X, 2
6 Pline le Jeune, *Ép.*, III, 8
7 Pline le Jeune, *Panégyrique*, 8
8 Suétone, *Nero* 7
9 *Subder e* gouverne le datif : *subder e testamentum alicui* supposer un testament à quelqu'un. Tacite, *Ann.*, XIV, 9
10 L'expression est de M. Renan, *L'Antéchrist*, p 5

14

Tacite indique le motif qui fit pour cet emploi choisir les chrétiens. Tous ceux qui partageaient leur exécrable superstition, *exitialis superstitio*, étaient, dit l'historien, haïs à cause de leurs forfaits, *per flagitia invisos*, et l'impopularité qui pesait sur eux rendait facile de les accuser, au besoin, tiendrait contre eux lieu de preuves. M. Pascal voudrait entendre ici le mot *flagitia* dans le sens le plus étroit, c'est-à-dire de crimes proprement dits, prévus et réprimés par la loi, parmi lesquels se placerait naturellement celui d'incendie. Mais il ne peut nier que l'acception la plus fréquente de *flagitium*, dans le latin de cette époque, ait été plus large et plus vague, et signifie action déshonorante, honteuse, contraire à la morale, plutôt que crime punissable. C'est ce qu'a soutenu, par les meilleurs arguments et par les exemples les plus convaincants, M. Coen, et ce que redit M. Boissier[3]. Dans ce sens, Pline le Jeune, qui parle la même langue que Tacite, étant du même temps et du même monde, fait, à propos des chrétiens de Bithynie, allusion aux forfaits inhérents à leur nom, *flagitia cohærentia nomini*, c'est-à-dire aux actes honteux ou bas que l'opinion populaire leur attribuait, non à quelque délit particulier pour lequel ils auraient été déférés au tribunal du légat. Les chrétiens, objet depuis leur origine de ces calomnies, avaient très mauvaise réputation, et c'est contre cette réputation que ne cesser ont de les défendre les apologistes. A elle se rapporte le mot *flagitium*, employé par Tacite et par Pline. Il n'y a point à tirer argument de cette expression en faveur de la thèse de M. Pascal.

Tacite raconte le procès. Il nous dit comment celui-ci fut engagé. On arrêta d'abord ceux qui avouaient, *correpti qui fatebantur*. Ceux qui avouaient quoi ? Là est le nœud du débat. Le plus grand nombre des interprètes a entendu : Ceux qui avouaient être chrétiens. C'est ainsi que traduit Burnouf. On arrêta d'abord, dit M. Renan, un certain nombre de personnes soupçonnées de faire partie de la secte nouvelle.... Elles confessèrent leur foi, ce qui put être considéré comme un aveu du crime qu'on en jugeait inséparable[5]. M. Aubé dit avec plus de précision encore : Quand (Tacite) note qu'on arrêta beaucoup de chrétiens sur leur aveu (*qui fatebantur*), il entend évidemment par ces mots, non la confession du crime qu'on leur imputait, c'est-à-dire d'avoir incendié Rome, mais la profession de la foi chrétienne, qu'au mépris du danger ils professaient hautement[6]. Cette interprétation, d'apparence si naturelle, était généralement admise aussi en Allemagne, quand elle fut contestée par Hermann Schiller dans l'article d'allures assez paradoxales qu'il inséra, en 1877, dans le recueil publié en l'honneur du soixantième anniversaire de Mommsen[7]. D'après lui, comme Néron n'intentait pas aux chrétiens un procès pour cause de religion, le premier interrogatoire qu'on fit subir à quelques-uns d'entre eux ne pouvait porter que sur le fait de

---

[1] La différence entre le crime, *scelus*, et l'acte simplement déshonorant, *flagitium*, est faite nettement dans cette phrase du *De moribus Germaniæ* de Tacite, 12 : *Distinctio pœnarum ex delicto : proditores et transfugas arboribus suspendunt ; ignavos, et imbelles, et corpore infames, cœno ac palude, injecta insuper crate, mergunt. Diversitas supplicii illuc respicit, tanquam scelera ostendi oporteat, dura puniuntur, flagitia abscondi.*
[2] Coen, *La Persecuzione neroniana dei cristiani* tirage à part, p. 13.
[3] Boissier, dans le *Journal des savants*, mars 1902, p. 138.
[4] Pline, *Ép.*, X, 97.
[5] Renan, *L'Antéchrist*, p. 158.
[6] Aubé, *Histoire des persécutions de l'Église jusqu'à la fin des Antonins*, p. 92.
[7] Hermann Schiller *Ein Problem der Tacituserklärung*, dans *Commentationes philologæ in honorem Theodori Mommseni* Berlin, 1877, p. 247.

15

l'incendie ; par conséquent, s'ils avouaient quelque chose, c'est leur participation à cet incendie, sur laquelle ils étaient interrogés, non leur religion, qui n'était pas en cause1. Ce raisonnement, que s'approprie M. Pascal, ne me paraît fondé ni en droit ni en fait. Puisqu'on incriminait les chrétiens, à l'exclusion de tous autres, d'avoir mis le feu à Rome, il fallait d'abord s'assurer que ceux qu'on arrêtait comme coupables d'incendie faisaient partie de la secte chrétienne : c'était la première question à leur poser, et de leur aveu sur ce point dépendait leur maintien au procès ou leur mise hors de cause. Selon la juste remarque de Hardy2, aucun signe extérieur ne distinguait les chrétiens : parmi les gens sur lesquels on avait mis la main, rapidement sans doute et un peu au hasard, il pouvait s'en rencontrer qu'on eût retenus par erreur et qui ne professaient pas le christianisme : c'est l'aveu ou le désaveu de celui-ci qui pouvait seul désigner ceux que la police romaine devait garder, ceux qu'elle devait relâcher. Ce n'est que contre les prisonniers qui avaient avoué être chrétiens, et après qu'ils avaient avoué que pouvaient être engagés les pour suites. L'information préalable sur le fait de christianisme devait «donc précéder l'instruction régulière sur le chef d'incendie, puisque Néron avait résolu d'incriminer de ce chef les seuls chrétiens. Comme le fait très bien observer ver. M. Boissier4, la construction même de la phrase et le temps des deux verbes marquent clairement cet ordre logique. *Correpti qui fatebantur*5 : ceux qui avouaient furent mis en cause, et devinrent l'objet d'un mandat d'arrêt dans les formes légales : l'aveu a précédé l'acte judiciaire : cet aveu préliminaire n'a pu porter que sur la qualité de chrétiens6.

Une considération générale me paraît, d'ailleurs, sommer ce débat. Supposons que les gens arrêtés comme chrétiens aient avoué avoir incendié Rome : il n'y aurait pas de doute sur leur culpabilité personnelle, dans ce cas, ne songerait à chercher ailleurs l'auteur responsable de ce grand forfait. L'histoire n'hésiterait pas. Aucun des contemporains qui ont parlé de l'incendie ne désignerait un autre coupable. Les écrivains de l'âge suivant ne chercheraient point, dans les circonstances du fléau, des indications plus ou moins claires sur sa véritable cause. Or, c'est tout le contraire qui est arrêté. Tacite a consulté les sources sur ces contemporaines : il n'y a trouvé que deux hypothèses, le cas fortuit ou le crime de Néron. Eût-il, comme M. Pascal le veut, sans preuve, et contrairement au texte de l'historien, connu une troisième source incriminant les chrétiens, il serait extraordinaire que des explications différentes eussent eu cours, si ceux-ci s'étaient reconnus incendiaires. Leur aveu eût levé tous les doutes. Chose surprenante ! personne ne connaît cet aveu, ou n'en tient compte. Pline l'Ancien, Stace, Suétone, Dion Cassius, parlent de l'incendie de Rome : pas un d'eux ne

---

1 *L. c.*, p 3
2 Schiller avait déjà soutenu cette opinion en 8 dans sa *Geschichte des römischen Kaiserreiches unter der Regierung Neros*. Voir à ce sujet une note dans Keim, *Rom und das Christenthum*, Berlin, 8 p 89 et l'article Nero dans le *Dict. of christian biography* t. IV, p 5
3 Hardy *Christianity and the roman Government*. Londres, 8 p 6
4 *Journal des savants* mars 8 p 6
5 *Correpier*, e avec le sens d'accusation légale, de poursuites régulières, dans Tacite, *Ann.*, III, 9 6; XII, 2
6 *Correpti* from a comparison of its use in Tacitus, certain means, not arrested but put upon their trial. Hardy *Christianity and the roman Government* 6 — Per Tacito la confessione preceda la correpzio, non la segue. Semeria, *Il primo sangue cristiano* Rome, 9 p 4

l'attribue aux chrétiens. C'est un auteur différé entre tous lui désignent. Il faut reconnaître que la situation est absolument sans précédent. Un crime épouvantable a été commis : les gens arrêtés s'en déclarent coupables : tous les contemporains, tous les historiens, se bouchent les oreilles pour ne pas entendre ce *Me, me adsum qui feci*, et vont chercher ailleurs qui accuser ! Si je me trompe, cette observation suffit à rendre évident le sens de *qui fatebantur*.

Après avoir parlé des premiers arrêtés, et de leur aveu, Tacite ajoute que, sur leurs indications, l'autorité romaine emprisonna une grande multitude d'autres chrétiens. Le mot *indicio eorum* — qui n'a d'ailleurs aucun rapport à la thèse de M. Pascal — m'a toujours embarrassé Tacite veut-il dire que ceux sur lesquels l'autorité romaine avait d'abord mis la main trahirent leurs frères, et furent cause de l'arrestation d'un nombre considérable de ceux-ci. La trahison n'est pas vraisemblable de la part de gens qui, sachant probablement qu'ils pouvaient se sauver en déclarant qu'ils n'étaient pas chrétiens, avaient eu le courage d'avouer leur religion. C'est encore avec raison, selon que M. Renan interprète ainsi cette expression de Tacite : Il n'est pas admissible que de vrais chrétiens aient dénoncé leurs frères ; mais on peut saisir des païens ; quelques néophytes, à peines initiés, purent céder à la torture¹. Des indications obtenues ainsi, d'une manière ou de l'autre, par la police romaine résulta la capture d'une grande multitude de chrétiens, *multitudo ingens*. Encore une expression qui a été très commentée. Bien qu'il soit naturel de l'entendre dans un sens relatif, et que, même à l'état de multitude, les chrétiens de l'an 64 n'aient probablement représenté qu'une minorité presque imperceptible dans la population totale de Rome, cependant on ne peut douter qu'ils ne fussent déjà fort nombreux Quand un contemporain parle d'eux c'est dans ce sens. Une grande foule d'élus, dit Clément de Rome, à propos des fidèles massacrés en 64². Si, comme cela est vraisemblable, neuf cent soixante-dix-sept ou neuf cent quatre-vingt-dix-huit martyrs que commémore le martyrologe hiéronymien à la date du 29 juin ³ représentent les victimes romaines de la persécution de Néron, on peut voir là une précieuse indication de nombre : la chrétienté de Rome ou survécut facilement aux massacres de 64 ; l'histoire ne montre pas que sa vie et même sa croissance en aient été entravés, et, pour qu'elle ait pu perdre ce nombre de personnes sans s'affaiblir, il faut qu'elle ait été déjà fortement enracinée.

Mais l'absence de toute preuve ne permit pas à l'accusation de se tenir longtemps sur le terrain d'abord choisi, et, pour ne pas paraître absurde, ou n'être pas obligée de se terminer par un non-lieu, celle-ci dut promptement dévier. La grande multitude dont parle Tacite fut, finalement, convaincue non tant du crime d'incendie que de haine du genre humain, ou, comme porte le plus ancien et probablement le meilleur des manuscrits⁴ fut englobée dans l'accusation non tant du crime d'incendie que de haine du genre humain, *haud*

---

1 Renan, *L'Antéchrist*, p. 162 — Cette explication me paraît celle qui concilie le mieux les vraisemblances avec le sens du mot *indicium*, qui, en d'autres passages de Tacite par exemple, *Ann.*, XV, 55 veut bien dire dénonciation.
2 Πολύ πλῆθος ἐκλεκτῶν. Saint Clément, *Ad Cor.*, 6 The roman historian's (Tacitus) expession multitudo ingens is the exact counter part to Clement's πολύ πλῆθος, dit Lightfoot, *S. Clement of Rome*, t. II, p. 32 note 2 — Je ne suis pas sûr que l' ὄχλος πολύς dont parle l'*Apocalypse*, VII, 9 doive s'entendre des martyrs de Rome, ou au moins d'eux seuls.
3 *Martyrologium hieronynianum*. De Rossi-Duchesne, p. 8
4 Le *Mediceus* II. Voir *Codices græci et latini photografice depicti duce* Scatone de Vries Tacitus Leyde, 9

haud inde in crimine incendii quam odio generis humani convicti sunt ou *conjuncti sunt*1.

Ici, nous sortons de la répression légale d'un crime de droit commun pour entrer en plein dans la persécution religieuse. «La haine du genre humain» n'est pas un délit prévu par les lois ou les ordonnances : en l'imputant aux chrétiens, on déclare qu'ils sont devenus, par leur religion, réfractaires à la civilisation romaine, car *genus humanum* ne saurait avoir ici un autre sens ; on leur fait procès de tendance, et on les poursuit désormais non comme incendiaires, mais comme chrétiens. La conduite de Néron envers ces condamnés d'un genre nouveau achève de révéler ce qu'il s'est proposé en les poursuivant : non châtier de vrais malfaiteurs, mais détourner et occuper l'attention de la foule, faire taire en la populace en jetant un aliment à sa malveillance d'abord, bientôt à sa cruelle et malsaine curiosité. De là ces supplices changés en spectacles, *par euntibus addita ludibria* dont parle Tacite, ces chasses aux chiens courant après des hommes déguisés en bêtes, ces jardins éclairés de flambeaux vivants, où le peuple circule à travers les avenues douloureuses, partageant son attention entre le râle des mourants et le char que mène l'empereur vêtu en cocher.

Cependant Néron, pour n'avoir pas su, même dans ses cruautés, garder la mesure, avait manqué le but. La populace romaine n'était pas facile à émouvoir, et la vue des supplices ne l'attendrissait guère. Mais elle n'aimait pas à être trompée et, comme toute masse populaire, elle avait un sens inné de la justice. Aussi, dit Tacite bien qu'il s'agît de coupables dignes des dernières rigueurs, la pitié naquit à la pensée qu'ils périssaient, non pour l'utilité publique, mais pour satisfaire à la cruauté d'un seul. Ces derniers mots corrigent ce que le commencement de la phrase semble avoir d'équivoque. *Sontes, novissima exempla meriti*, eût pu faire croire que Tacite désigne, cette fois les chrétiens comme ayant brûlé Rome ; et c'est ici que M. Pascal pense qu'il a suivi une troisième source, celle qui les accusait. Sans doute, il serait étrange de voir un tel écrivain oublier, après un petit nombre de pages, ce qu'il avait écrit en commençant le récit de l'incendie, alors qu'il posait, à la suite de ses auteurs, deux hypothèses seulement, le hasard ou le fait de Néron. Mais on s'en tirera aux dépens de Tacite, en avouant qu'il est un médiocre historien, et qu'il ne sait pas très bien ce qu'il dit. Cependant, il restera à expliquer la fin de la phrase que nous analysons. Le peuple est pris de pitié parce que les chrétiens ont été sacrifiés, non à l'utilité publique, mais à la cruauté d'un seul, *tanquam non in utilitate publica, sed in sævitiam unius, absumerentur*. S'ils avaient été vraiment des incendiaires, leur supplice eût servi à l'utilité publique, car c'est l'utilité publique qui rend juste la peine de mort. Pour avoir été immolés à la cruauté d'un seul, il faut qu'ils n'aient point commis un crime pour lequel, s'ils l'avaient commis, ils eussent dû satisfaction à la société toute entière. Sans doute ils sont coupables, *sontes*, sans doute ils méritent les plus extrêmes rigueurs, *novissima*

---

1 D'après Vindex, *Difesa dei priori cristiani e martiri di Roma antichi acere incendiata la citta Rome*, p. l'expression haud par inde in crimine incendii quam odio generis humani... n'est pas absolument l'équivalent de non tam... quam, comme le croit M. Boissier, près ni de haud par inde... atque, comme le pense M. Arnold *Die Neronische Christenverfolgung*, p. 2; elle semble être propre à Tacite, et si elle peut avoir parfois le sens de *non tanto... quanto*, elle signifie le plus souvent : *non, non jam... sed*. Au cours du procès, l'accusation d'incendie aurait donc été complètement ou presque complètement abandonnée. Cf. Callewaert, *Revue d'histoire ecclésiastique*, Louvain, p. 7

exempta mer itos ; mais c'est à cause des *flagitia* qu'on leur impute, à cause de l'*odium gener is humani* qui commence à les mettre hors la loi, ce n'est pas à cause de l'incendie, qu'un pute exaspéré par la souffrance, comme était alors le pute romain, ne leur eût pas si facilement pardonné s'il les en avait rendus responsables.

CHAPITRE VI. — Le silence des adversaires du christianisme.

Pas plus que le peuple, rempli cependant de préjugés et de haines contre les chrétiens, les écrivains qui partageaient ces haines et se firent, avec une crédulité parfois surprenante, les échos de ces préjugés ne songent à joindre le crime de juillet 64 à ceux qu'ils reprochent aux sectateurs de l'Évangile. Il est facile de s'en assurer en consultant ce qui nous reste des pamphlets dirigés contre ceux-ci par les auteurs païens du IIe au IVe siècle, et les réponses beaucoup mieux conservées que les avocats du christianisme opposèrent aux calomnies dont étaient l'objet ses doctrines, ses pratiques et ses mœurs. Il y a là deux ordres de littératures différents et comme parallèles, qui se complètent et se contrôlent l'un par l'autre.

C'est tardivement que l'on commença d'écrire sur plutôt contre les chrétiens. Pendant près d'un siècle les beaux esprits, les gens du monde, les politiques, les philosophes ne voulurent pas les voir ou affectèrent de les ignorer. Les quelques lignes que nous avons citées de Tacite, une ligne de Suétone, voilà à peu près tout ce que, du côté païen, nous trouvons sur eux jusqu'au règne de Marc-Aurèle, indépendamment des lettres échangées entre Pline et Trajan, et de quelques autres pièces officielles relatives à la persécution. L'habitude, ou la mode, ou la tactique, est de faire le silence sur tout ce qui les concerne. Mais s'il en fut ainsi, c'est apparemment qu'ils paraissaient fort inoffensifs, et plus dignes de dédain que de colère. S'ils avaient compté dans leurs rangs des anarchistes dangereux et si leur premier exploit avait été de brûler Rome sous Néron, assurément un tel dédain n'eût pas été de mise et leur scélératesse les eût tout de suite rendus célèbres.

Ce qui força l'attention, ce fut toute autre chose : leur croissance rapide, l'importance intellectuelle, morale, en même temps que numérique, acquise par eux dans le monde romain. Au milieu du second siècle, il n'était plus possible de vivre à côté d'eux sans les voir. Sans doute, Marc Aurèle, dans les *Pensées*, n'a encore sur eux qu'un mot, et ce mot est hautain et méprisant. Mais son professeur d'éloquence, le consulaire Fronton, ne daigne pas de composer, à leur sujet, tout un discours. Celui-ci est malheureusement perdu. Tout porte à croire, cependant, que la substance en a passé dans l'*Octavius* de Minucius Félix et que Cecilius, l'interlocuteur païen du dialogue, s'y inspire de Fronton. Quelle que soit la date exacte de l'*Octavius*, il est au moins certain qu'il reflète exactement la polémique païenne de la fin du second siècle. Celle-ci paraît bien superficielle encore. Les gens de lettres, les gens du monde, au nom desquels parle Cecilius, ne daignent pas entrer en discussion sur le fond des choses, disserter avec les chrétiens de philosophie ou de doctrines. Ils leur font le reproche d'être infidèles au culte pratiqué par les ancêtres, et qui a fait la gloire et comme la force de Rome. Mais ils se bornent ensuite à mettre en style élégant les calomnies qui n'ont cessé de courir dans les bas-fonds de la populace. On les trouve toutes rappelées dans l'*Octavius*. Les chrétiens y sont représentés comme choisissant leurs prosélytes dans la lie du peuple, parmi les esprits faibles et les femmes. Ils s'enchaînent entre eux par des serments, se traitent de frères et de sœurs, et forment une association secrète et ténébreuse, où l'on se reconnaît à des signes particuliers. Ils adorent une tête d'âne, ou des choses plus honteuses encore. Dans le mystère nocturne de leurs réunions des enfants sont égorgés, des unions scélérates s'accomplissent. Ainsi, d'un commun accord, les jugent, à cette date, la populace et les lettrés. L'occasion serait bonne, assurément, pour rappeler qu'ils prétendent à ce rôle de conspirateurs, de meurtriers et d'incestueux par celui d'incendiaires ! Pour qu'on ne le fasse pas, il faut que nulle tradition n'existe, dans ce sens, ni dans le peuple ni chez les gens instruits qui puisent leur plume à ses préjugés. On reproche cependant aux chrétiens de prédire la destruction future du monde par le feu. Cecilius les en raille amèrement, en rappelant que ces feux qu'ils annoncent pour le dernier jour les attendent dès aujourd'hui sous la forme de bûcher. S'il semble que, parlant tout à la fois de chrétiens et de feu, la pensée devrait venir de faire allusion à l'incendie qui dévora Rome un siècle plus tôt. Mais une telle association d'idées ne se présente à l'esprit de personne. Il est évident qu'entre ce fait célèbre et les chrétiens les imaginations même les plus hostiles à ces derniers n'aperçoivent aucun lien.

Sans être beaucoup plus équitable, la plénique de Celse est d'un ton plus élevé Lui aussi reproche au christianisme d'être une religion de petites gens, propagée par des servantes et des esclaves, embrassée de préférence par des artisans. Comme Cecilius, il accuse les adorateurs du Christ de tenir des réunions clandestines et illicites, et de se lier par des serments. Mais il leur reconnaît quelques vertus : il va jusqu'à louer la fermeté avec laquelle ils défendent leurs opinions et souffrent pour elles. Surtout, il consent à discuter. Ce n'est pas qu'il le fasse avec grandeur : rien n'est plus mesquin que les objections qu'il oppose aux récits évangéliques, les froides railleries et les malveillantes inventions qu'il emprunte aux amplificateurs juifs. Il y a du Voltaire dans Celse : c'est dire qu'à la clarté de l'exposition, au mordant de l'esprit, il ne faut pas lui demander de joindre l'intelligence des grands côtés du christianisme. Mais au moins il est renseigné ; il s'est informé des doctrines et des vies. Il se donne la peine d'opposer Platon à l'Évangile, d'examiner les origines historiques des Juifs et des chrétiens, de faire un effort de dialectique et d'érudition. Il finit même par se donner une mission de conciliateur : dans les dernières pages du *Discours véritable*, il expose aux chrétiens le *minimum* de concessions que l'Empire, selon lui, est en droit d'attendre d'eux et semble indiquer les conditions d'une paix possible entre l'État et ce qu'il appelle déjà la grande Église.

C'est dire que beaucoup des grossières calomnies répandues au sujet des chrétiens n'existent plus pour Celse. Mais, par cela même qu'il se montre plus érudit, on peut affirmer que si quelque accusation précise et fondée avait été portée contre eux dans le passé Celse en aurait connaissance. Son *Discours* est semé d'anecdotes, de citations, de traits historiques : un forfait aussi épouvantable que l'incendie de Rome ne lui aurait pas échappé s'il eût été à la charge des chrétiens. Non seulement il n'en parle pas, mais il laisse passer les meilleurs prétextes d'en parler. Il vient de montrer, d'un ton railleur, la différence entre les mystères du paganisme, qui ne laissaient que l'homme pur prendre part aux initiations, et les mystères chrétiens, qui appelaient au contraire le pécheur pour le purifier. Or, en disant le pécheur, n'appelez-vous pas l'injuste, le brigand, le briseur de portes, l'empoisonneur, le sacrilège, le violateur de tombeaux?[1] Dans cette énumération de criminels, Celse oublie précisément l'incendiaire ! Plus loin, se moque, comme avait fait Cecilius, de l'enseignement des chrétiens sur la destruction finale du monde par le feu. C'est une autre de leurs extravagances de croire qu'après Dieu aura allumé le feu, comme un cuisinier, tout le reste des vivants sera grillé et qu'eux seuls

---

1 Origène, *Contra Celsum*, III, 9

demeurer ont. La place était belle pour parler du feu allumé dans Rome, aux jours de Néron, et pour montrer des chrétiens fanatiques ayant prélude ainsi à la conflagration suprême : mais Celse, qui pour tant aime les traits cruels et les allusions méchantes, ne songe pas à celle-là.

Lucien n'y pense pas davantage. Dans la *Mort de Peregrinus* il représente ce philosophe charlatan, parodie du martyr chrétien, se brûlant lui-même sur un bûcher à Olympie : à ce propos, il cite non seulement les athées et les parricides que tous les jours les magistrats condamnent au feu, ou les brahmanes qui s'y condamnent eux-mêmes, mais encore l'incendiaire le plus célèbre de l'antiquité, Érostrate, qui brûla le temple d'Éphèse : quelle occasion, dans une satire dirigée contre les chrétiens, de rappeler ceux-ci comme émules d'Érostrate, les plus beaux monuments et les temples les plus vénérés de Rome ! Évidemment, si Lucien ne le fait pas, c'est parce qu'une telle idée ne vient à l'esprit de personne.

L'empereur Julien est un adversaire du christianisme plus passionné encore que Celse. On serait tenté de chercher cher, dans ce qui subsiste de son *Contra Christianos*, l'allusion que nous n'avons jusqu'ici trouvée sous la plume d'aucun de ceux qui ont combattu par écrit les chrétiens. Mais nous connaissons le premier livre de ce traité, grâce à saint Cyrille, en a reproduit la plus grande partie, nous pouvons deviner le sujet des deux livres suivants par les rares fragments qui sont restés de l'un d'eux, et ce que nous savons du plan de tout l'ouvrage lui donne un caractère de polémique doctrinale ou exégétique qui laisse peu de place à des attaques à un autre genre. [2]. En revanche, beaucoup d'écrits de Julien sont remplis d'accusations, d'épigrammes, de traits méprisants et haineux lancés contre les chrétiens. Ceux-ci sont des fous, des athées, des impies, la lèpre de la société humaine [3]. Mais Julien a, plus même que ses devanciers, matière à parler d'incendie. Le temple de Daphné près d'Antioche, a été brûlé sous ses yeux et il attribue ce désastre à l'audace des athées, c'est-à-dire des chrétiens. En représailles, les païens d'Émèse ont mis le feu aux tombeaux des Galiléens, c'est-à-dire aux sanctuaires des martyrs, et Julien lui-même commande au gouverneur de Carie d'incendier des chapelles chrétiennes situées dans le voisinage du temple d'Apollon à Milet [6]. Mais, bien qu'il parle avec indignation, dans le *Misopogon*, de l'incendie de Daphné et dénonce (sans preuves) à ce sujet les adorateurs du Christ, cependant il n'a aucunement la pensée, qui eût pourtant été assez naturelle, si elle avait pu avoir un fondement quelconque, de rapprocher ce fait de celui de 64. Quand, à la fin de son règne, Julien prétendit reconstruire, pour donner un démenti à une prophétie évangélique, le temple juif de Jérusalem, et que des globes de feu, sortant de terre, eurent, au témoignage du sincère Ammien Marcellin, rendu cette reconstruction impossible, il fit lui-même allusion à son échec dans le curieux écrit connu sous le nom de *Fragment d'une lettre* et à ce propos, il rappelle, dans le langage le plus bizarre, les prophéties de l'Ancien Testament où il est question du feu. Les prophètes, dit-il, ressemblent à des hommes qui, regardant

---

1 Or. igène, *Contra Celsum*, V, 41.
2 Voir Neumann, *Juliani imperatoris librorum contra Christianos quae super sunt*, Leipzig, Cf. mon livre sur *Julien l'Apostat*, t. III, p. 82.
3 Julien, *Ép.* 7, 9, 36; *Fragm. d'une lettre, in fine* ; éd. Hertlein, p. 9 ; 2 ; 4 ; 58.
4 *Misopogon* ; Hertlein, p. 46.
5 *Misopogon* ; Hertlein, p. 4.
6 Sozomène, *Hist. ecclé.*, V, 20.

une grande lumière à travers un brouillard, n'ont point une vue nette et pure et la prennent, non pour une pure lumière, mais pour un feu. Les yeux fermés à ce qui les entoure, ils crient de toutes leurs forces : Frémissez ! tremblez ! feu ! flamme ! mort ! grand sabre ! exprimant ainsi en beaucoup de mots la seule puissance destructive du feu[1]. Mais il ne prend point texte de son étrange déclamation pour dire qu'au commencement de l'ère chrétienne les premiers sectateurs de l'Évangile prétendirent accomplir contre Rome ces menaces bibliques.

---

[1] *Fragment d'une lettre* d'Herr tlein, p 98.

CHAPITRE VII. — Le silence des apologistes.

Sans doute la démonstration qu'il me paraît légitime de tirer du silence gardé par les adversaires du christianisme ne peut être complète, puisque plusieurs des écrits dirigés contre les chrétiens ont péri. Pour ne citer que les principaux, nous ne possédons plus rien du *Discours* d'Hiéroclès, ni de l'ouvrage en quinze livres de Porphyre. Probablement les ordonnances des empereurs chrétiens furent pour quelque chose dans cette perte : on connaît le texte d'un édit de 4* commandant la destruction de ce que Porphyre, ou tout autre, a pu érire contre la religion chrétienne. Cependant bien d'autres causes, communes à tous les livres antiques, ont pu concourir à faire disparaître une partie de ces écrits. Dès qu'un livre cessait de se vendre, les copistes cessaient de le reproduire, et, pour ceux qui nous occupent, on comprend qu'après le triomphe complet du christianisme, quand il eut décembré asséré la presque totalité de la population de l'Empire, les pamphlets païens dirigés contre lui n'eurent plus que de rares lecteurs. N'étant pas renouvelés, les anciens manuscrits, qui étaient exposés à tant de chances de destruction, durent se perdre epour facilement. Ce qui semble montrer que l'ordre de suppession des livres ne s'exécuta pas à la lettre, c'est qu'il paraît avoir existé encore, au Xe siècle, dans la bibliothèque épiscopale de Césarée, un exemplaire du *Contra Christianos* de Julien[2]. Quoi qu'il en soit des causes, le fait de la perte des pamphlets païens est certain, et, pour notre curiosité, infiniment regrettable. Cependant il paraîtrait bien invraisemblable que l'allusion vainement cherchée dans Lucien, dans Celse, dans Julien, malgré les occasions qui semblaient l'amener d'elle-même au bout de leur plume, se soit rencontrée davantage dans Hiéroclès ou dans Porphyre. Au moins avons-nous le moyen de faire, d'une manière générale, la contre-épreuve, en interrogeant les apologistes chrétiens, qui, par la nature des réponses, permettent de juger de celle des attaques.

Nous avons déjà analysé à ce point de vue, le dialogue de Minucius Félix : ni le représentant des idées païennes, Cecilius, ni le défenseur des doctrines chrétiennes, Octavius, ne parlent, soit pour la produire, soit pour la réfuter, de l'accusation d'incendie[3]. Même silence dans les apologies plus anciennes, du commencement ou du cours du second siècle. Il faut dire, cependant, que nous ne les connaissons pas toutes : de celle que Quadratus présenta à l'empereur Hadrien, rien ne reste, et de celle de Meton adressées à Marc-Aurèle, il subsiste seulement des fragments : ce qui prouve, soit dit en passant, qu'il n'y a pas que les pamphlets païens qui aient péri, et que, par conséquent, la destruction de ces derniers n'a peut-être pas été aussi systématique qu'on le pense, puisque des

---

[1] *Code Justinien*, I, I, 3 — Il se peut que l'expression *aut quivis alius*, ἢ ἕτερός τις, n'appartienne pas au texte original. Haenel ne la donne pas dans son édition (*Corpus legum ab imper. rom. ante Justinianum latarum*, p.?).
[2] Voir Bidez et Cumont, *Recherches sur la tradition manuscrite des lettres de l'empereur Julien*, Bruxelles, 9 p.1
[3] Il m'est impossible de comprendre M. Pascal insinuant (*Fatti e Leggende*, p.?que les paroles d'Octavius, au chapitre XXXV du dialogue, sur la conflagration cosmique et le châtiment des damnés par le feu dans une autre vie, sont une réponse aux accusations et aux terreurs que l'on nourrissait contre les siens, et montrent que l'on ne peut dire que tout écho de l'accusation primitive soit évanoui pour toujours Il n'y a, ni dans la lettre ni dans l'esprit de ce passage, ombre d'une allusion, si détournée qu'elle puisse être, à l'accusa gener ica c'est-à-dire à l'inculpation d'incendie.

écrits inspirés par le plus pur sentiment de défense chrétienne ont péri également. Cependant le peu qui reste des écrits apologétiques de Méliton le montre occupé surtout à expliquer aux empereurs le loyalisme politique des chrétiens, et à établir une sorte de synchronisme entre la fortune de l'Empire romain et le progrès de l'Évangile ; un pareil thème ne se comprendrait pas sous la plume d'un écrivain qui aurait à défendre ses coreligionnaires d'un crime politique et social comme serait l'incendie de Rome.

Heureusement, tous les écrits apologétiques n'ont pas été perdus, ou ne sont point représentés par quelques morceaux seulement. L'*Épître à Diognète*, œuvre d'un auteur inconnu, nous est venue tout entière ; encore, aucune allusion ne rappelle l'incendie, mais on y trouve un tableau charmant de la charité chrétienne, et l'on y lit cette phrase remarquable que l'auteur n'eût pu écrire si une accusation comme celle-là avait jamais eu cours : Les Juifs haïssent les chrétiens comme des étrangers, et les païens les persécutent, mais leurs ennemis sont incapables de préciser le motif de leur haine. L'*Apologie* d'Aristide, longtemps perdue, a été retrouvée de nos jours dans une traduction syriaque ; elle s'attache à démontrer le dogme chrétien, à réfuter les erreurs du polythéisme et les superstitions des Juifs, et décrit les mœurs pures et douces des fidèles, auxquels les Grecs ont calomnieusement imputé leurs propres vices : ici encore, pas une allusion, même la plus lointaine, à une accusation au sujet des événements de 64. On n'en trouve pas davantage dans les deux *Apologies* de saint Justin, adressées l'une à Antonin le Pieux, l'autre au sénat romain. La première est à la fois une démonstration évangélique, une discussion juridique, une défense du culte chrétien et des mœurs chrétiennes. Sûrement, écrit Justin, nous sommes les meilleurs amis qu'un prince puisse désirer, nous qui croyons en un Dieu dont l'œil ne laisse échapper aucun crime, et que nul ne peut tromper, nous qui attendons un jugement éternel, non seulement de nos actes, mais de nos pensées [2]. Et montrant comment, après être devenus chrétiens les hommes ont abandonné le vice pour embrasser la vertu : Nous nous haïssions autrefois dans l'adultère, continue-t-il, maintenant nous sommes chastes ; nous nous adonnions à la magie, et nous sommes maintenant consacrés au seul Dieu bon ; nous aimions les richesses par-dessus toutes choses, nous mettons maintenant nos biens en commun, en les partageant avec les pauvres ; nous ne respirions autrefois que haine et que meurtre, maintenant nous vivons en paix les uns avec les autres, priant pour nos ennemis, et nous efforçant de convertir nos persécuteurs [3].

Il semble que ce ne soit pas là seulement le langage de l'innocence présente : les membres d'une secte dont le passé serait chargé du plus épouvantable des forfaits ne parleraient pas, même un siècle après, avec une telle assurance. La seconde *Apologie* a été écrite à l'occasion du procès de plusieurs chrétiens, condamnés comme tels à la mort par le préfet Urbicus. C'est le même ton d'intrépide innocence. Les païens disaient aux fidèles : Mais montez donc au ciel vers votre Dieu, en vous tuant vous-mêmes. Justin répond : Les chrétiens croient que le monde a été fait par Dieu pour accomplir ses desseins, et qu'ils n'ont pas le droit de détruire, dans la mesure de leur pouvoir, la race humaine

---

1 *Ép. à Diognète*, 6
2 Saint Justin, *Apl.*, 4
3 Saint Justin, *Apl.*, 4

pur laquelle le monde a été créé 1. Nous voilà bien loin des théories prêtées par M. Pascal aux premiers chrétiens !

Je ne puis analyser les autres écrits apologétiques du second siècle, ni le Discours contre les Grecs de Tatien, ni les livres de Théophile d'Antioche à Autolycus, ni l'*Apologie* d'Athénagore. Il y aurait à faire pour tous la même remarque, en ajoutant, pour Athénagore, eque quelques-unes de ses plus fortes pages sont employées à défendre les chrétiens des *flagitia* que la voix populaire leur imputait encore, l'athéisme, l'inceste, le cannibalisme, sans que l'auteur éprouve le besoin de les laver en plus, dans le passé, du soupçon d'incendie.

Tertullien, au commencement du troisième siècle, n'a pas davantage cette pensée. Lui, cependant, n'est pas un Grec ou un Asiatique, comme ceux dont nous venons de rappeler les écrits ; il est tout latin ; l'histoire de Rome lui est familière ; il connaît les édits des empereurs ; il a lu Tacite ; il s'adresse à des gens tout imprégnés de souvenirs romains. La première partie de son *Apologeticum* a pour objet de critiquer la procédure suivie contre les chrétiens que l'on condamne sur leur nom seul, non pour quelque délit déterminé : il se plaint qu'on ne prenne pas la peine de chercher ce qu'ils sont en réalité, qu'on poursuive en eux une secte inconnue, *sectam ignotam* 3 : s'ils s'étaient, au début de leur histoire, révélés au monde comme les destructeurs de la ville de Rome, il n'oserait parler ainsi contre l'évidence. Tertullien songe si peu qu'un soupçon de cette nature ait jamais pu atteindre les chrétiens, que sans embarras, en un autre endroit, il cite comme exemple des châtiments divins les villes détruites par le feu, Sodome et Gomorrhe, Vulsinies en Toscane, Pompéi en Campanie 4. Bien plus, voulant montrer que les chrétiens, devenus aujourd'hui forts et nombreux, seraient en état de se venger, s'ils n'étaient empêchés par leur religion, il écrit cette phrase, qui eût paru insensée s'ils avaient eu quelque part au désastre de 64 : Est-ce que nous avons jamais cherché à rendre le mal pour le mal à ceux qui nous poursuivent jusqu'à la mort ? Une seule nuit et quelques flambeaux c'en serait assez, si la vengeance nous était permise. Mais bien loin d'une secte divine, la pensée de se venger par un feu humain ou de s'affliger des maux qu'on lui fait souffrir !5

Quand on relit, sans parti pris et sans idée préconçue, les écrits des apologistes, surtout après avoir lu ce qui nous reste des pamphlets dirigés contre les chrétiens, on ne peut, il me semble, conserver l'innocence de ceux-ci, en ce qui concerne l'incendie de Rome, le plus léger doute.

---

1 II *Apl*., 4
2 Sur l'*Apologie* d'Athénagore, voir l'excellente thèse de M. Louis Arnould, professeur à l'Université de Poitiers, *De apologia Athenagoræ*, 8
3 Tertullien, *Apologétique*, 3
4 Tertullien, *Apologétique*, 0
5 Tertullien, *Apologétique*, 9

CHAPITRE VIII. — L'opinion des historiens antiques.

On est ainsi ramené à l'alternative posée par Tacite, d'après les documents contemporains : le hasard, ou le fait du prince.

M. Carlo Pascal me paraît avoir résumé d'une manière satisfaisante les raisons qui tendent à disculper Néron. Sans qu'il ait fait, probablement, la preuve complète à cet égard, et bien qu'une assez vaste marge reste à l'opinion contraire et qu'il montre que l'hypothèse de la culpabilité de Néron ne se heurte à adiver ses invraisemblances. Ce n'est pas qu'il se pose, comme l'a dit un des adversaires de son opinion, en défenseur [1] de ce monstre : La capacité de Néron à faire le mal est hors de toute discussion, dit-il fort bien, et si nous ne devions ici envisager qu'elle, le problème serait déjà résolu [2].

Mais il y a aussi les circonstances du fait, qui méritent l'attention. D'abord, Néron n'était pas à Rome quand éclata l'incendie : il faudrait qu'il eût, de loin et d'avance, données ses ordres, confiant ainsi le secret de son crime à une centaine, peut-être à un millier d'esclaves et de prétoriens. Ensuite, s'il en eût été vraiment l'auteur, serait-il rentré dans Rome au fort du fléau, affrontant ainsi, bravant même la colère, le désespoir d'un peuple affolé? l'aurait-on vu alors, comme le rapporte Tacite, errant sans protection et sans gardes, *incustoditus*, parmi les ruines de son palais en feu? Quel eût été d'ailleurs, son mobile ? Se donner l'effrayant et grandiose spectacle de l'incendie ? Mais d'Antium, où il était quand le feu commença, il ne pouvait le voir. Détruire les rues étroites et sordides des vieux quartiers de Rome, pour les rebâtir élégantes et spacieuses ? Il faut avouer, dit M. Boissier que la marche même de l'incendie, le lieu où il a éclaté la direction qu'il a suivie, conviennent peu aux projets qu'on attribue à Néron [4]. L'incendie, en effet, s'étendit dans les plus belles régions de Rome, dévorant les temples antiques, les thermes, les portiques, les maisons de plaisance, les palais, et laissant intacts les quartiers les plus laids et les plus pauvres. Peut-on dire que Néron avait l'intention de se procurer, sans frais et sans résistance, de vastes terrains pour y bâtir sa maison dorée, c'est-à-dire pour pousser en toute liberté les palais d'Auguste et de Tibère à travers la Vélia jusqu'à l'Esquilin ? C'est de l'autre côté, au Grand Cirque, que le feu a commencé en sorte qu'il ne pouvait guère atteindre les Esquilies qu'en ravageant d'abord le Palatin. Voilà bien des raisons qui rendent difficile d'admettre que Néron ait voulu l'incendie, tel au moins que se produisit celui-ci.

Sont-elles décisives ? Non peut-être [6] : car d'autres raisons peuvent être données en sens contraire. L'une des plus frappantes est la rapidité avec laquelle Rome se releva de ses ruines, d'après un plan régulier, suivant des dimensions précises, dans des délais déterminés, comme si tout avait été prévu et préparé d'avance ; particulièrement l'extrême célérité avec laquelle Néron, sur les espaces déblayés

---

[1] *Un difensore di Nerone* par le professeur Vincenzo di Crescenzo, Naples,
[2] Pascal, *Fatti e Leggende*, p. 3
[3] Tacite, *Ann.*, XV, 9
[4] *Journal des savants*, mars 9, p. 6
[5] *Journal des savants*, mars 9, p. 6
[6] Quelques-unes peuvent même, à la rigueur, être retournées contre Néron. Il n'était pas à Rome quand commença l'incendie mais Tigellin y était, confident et instrument de ses desseins. Il ne pouvait s'offrir d'Antium le spectacle de l'incendie : mais il rentra à Rome à temps encore pour le voir.

27

par l'incendie, construisit le palais depuis longtemps rêvé cette Maison d'or qui semblait toute une ville, dit un historien antique, avec la multitude de ses édifices semés au milieu de campagnes et de lacs artificiels1. Tout cela laisse assurément fort perplexe 2, et, après avoir accordé à M. Pascal que ses arguments en faveur de Néron paraissent fort bons, il semble prudent de s'en tenir, jusqu'à preuve nouvelle, au doute de Tacite.

Mais ce qui est remarquable, c'est que, à l'exception de Tacite, tous les anciens dont l'opinion nous est parvenue s'accordent à dénoncer Néron. Il se peut que les invraisemblances, qui de loin nous paraissent si frappantes, l'aient été moins pour ceux qui avaient sur les faits des renseignements plus précis, et qui savaient bien des choses que nous ignorons. La première accusation publique portée contre Néron le fut du son vivant, et en sa présence. Le tribun Subrius Flavius, l'un des affiliés à la conjuration de Pison, qui fut cause de la mort à Rome de tant de gens illustres, parmi lesquels Sénèque et Lucain, comparaissait, au commencement de 65 devant Néron lui-même. L'empereur lui demanda le motif qui lui avait fait oublier son serment de fidélité. Aucun soldat, répondit Subrius, ne t'a été plus fidèle que moi, tant que tu as mérité d'être aimé. J'ai commencé à te haïr quand tu es devenu parricide, meurtrier de ta femme, cocher, histrion et incendiaire. Tacite, qui rapporte ce propos, dit : J'ai voulu reproduire ses paroles mêmes. L'historien les tenait évidemment de bonne source. Mais il est intéressant de remarquer qu'après les rapportant, Tacite semble les approuver pleinement, sans faire cette fois aucune réserve en ce qui concerne l'incendie : il ajoute en effet : Rien, dans toute l'affaire, ne parvint de plus terrible aux oreilles de Néron, car autant celui-ci prompt à commettre des crimes, autant il était peu habitué à s'entendre rappeler ce qu'il avait fait 5.

Sans doute, le propos d'un adversaire déclaré comme Subrius Flavius peut ne pas paraître impartial : s'il était seul, il ne représenterait pas suffisamment l'opinion publique. Mais celui d'un contemporain tel que Pline l'Ancien, qui ne semble pas avoir eu personnellement à se plaindre de Néron, et dont la curiosité universelle s'étendait à toute espèce de sujets, doit être retenu. Parlant, dans son Histoire naturelle, de la longévité de certains arbres, ils durent, écrit-il, jusqu'à l'incendie par lequel Néron brûla Rome 6. Pline dit ceci en passant, comme s'il parlait d'une chose connue et acceptée de tous. Il est probable qu'il a raconté ailleurs en détail l'incendie de Rome, et dans ce récit se prononçait nettement pour la culpabilité de Néron : Pline est, selon toute apparence, l'un des *auctores* auxquels fait allusion Tacite, qui attribuent l'incendie non au

---

1 Tacite, *Ann.*, XV, 42; Suétone, *Néron* 31; Pline, *Nat. hist.*, XXX, 3 — Le palais reconstruit par Néron après l'incendie s'appela la *Domus aurea*, avant l'incendie il portait le nom de *Domus transitoria* — M. Pascal signale à ce propos (*Fatti e Leggende*, p. 9 note 7) une sur prenante distraction de M. Renan, qui fait de transitoire le synonyme de provisoire, et semble voir dans cette appellation un indice des desseins ultérieurs de Néron (*L'Antéchrist*, p. 7). Transitor signifie seulement que le palais occupait l'espace entre le Palatin et les jardins de Mécène, situés sur l'Esquilin : *qua Palatium et Mæcenatis hortos continuacerat* dit Tacite, *Ann.*, XV, 39
2 Se rappeler aussi que la *Domus aurea* était très impopulaire, et que, probablement, cette impopularité provenait du souvenir de l'incendie : *illa invisa et spoliis civium exstructa domo* Tacite, *Ann.*, XV, 52
3 Tacite, *Ann.*, XV, 67
4 Tacite, *Ann.*, XV, 67
5 Tacite, *Ann.*, XV, 67
6 Pline, *Nat. hist.*, XVII, 4

28

hasard, mais *solo principe*. On sait qu'il écrivit, en trente et un livres l'histoire de son temps. Tacite s'en est servi pour raconter les événements de 64[1] : évidemment, il a consulté la même source pour ceux de l'année précédente.

Stace n'est pas un contemporain comme Pline, puisqu'il avait trois ans lors de l'incendie de Rome. Mais il recueillit l'opinion courante, et s'en fit l'écho dans une de ses *Silves*, dédiée à Polla Argentaria, la veuve de Lucain. C'est une pièce à la gloire de celui-ci, célébrant ses vers et leur amas, mort prématuré. « Tu chanteras, fait-on dire à la muse, qui berça dans ses bras l'espiègle enfant, tu chanteras l'incendie promenant sur les collines de Remus les flammes qu'alluma un maître coupable.»[2] Nul doute qu'il ne s'agisse de l'incendie de 64, et que le *dominus nocens* ne soit Néron. Lucain a-t-il, dans la dernière année de sa vie, composé un poème sur ce terrible sujet ? y accusait-il Néron ? et son langage imprudent fut-il, autant que la jalousie littéraire, la cause de sa mort ? Voilà ce que semblent indiquer les vers obscurs de Stace, misace que Tacite ne nous a pas dit.

Reconnaissons que le langage de Lucain, qui était devenu l'ennemi de Néron, ou de Stace, qui écrivait à la veuve de Lucain, et qui d'ailleurs avait intérêt à flatter aux dépens du plus décriés des Césars la dynastie nouvelle des Flaviens, n'offre point une complète garantie d'impartialité. Mais les deux interprètes de la tradition que nous devons interroger encore éveillent, à coups sûr, avec une pleine indépendance. L'un est Suétone, contemporain des Antonins, comme Tacite, mais plus jeune que lui de vingt ans, et libre de tout souvenir comme de toute influence qui pû le rendre systématiquement hostile à la mémoire de Néron. L'autre est Dion Cassius, qui fut sénateur sous Commode, qui composa son ouvrage sous Alexandre Sévère, et pour qui les temps de Néron n'étaient plus que de l'histoire.

Voici en quels termes Suétone raconte l'incendie de Rome : Néron avait coutume de citer tout haut ce vers :

Qu'après ma mort la terre soit anéantie par le feu

en ajoutant : *Que cela ait plutôt lieu de mon vivant !* C'est ce qu'il fit ; car, comme s'il eût été blessé par la laideur des vieux édifices, l'étroitesse et les détours des rues, il incendia la ville si ouvertement que beaucoup de consulaires n'osèrent arrêter ses esclaves, qu'ils surprenaient dans leurs jardins, l'étoupe ou la torche à la main : et dans le voisinage de la Maison d'Or certains magasins, dont il convoitait l'emplacement, furent renversés et incendiés au moyen de machines de guerre, parce que leurs murailles étaient construites en pierre. Durant six jours et sept nuits sévit le feu, pendant que le peuple cherchait un refuge dans les monuments et les tombeaux. Alors, outre un nombre immense de maisons, brûlèrent les demeures des anciens chefs encore ornées des dépouilles de l'ennemi, les temples des dieux élevés et dédiés par les rois, ou au temps des guerres puniques et gauloises, et tout ce que l'antiquité avait laissé de mémorable. Regardant cet incendie du haut de la tour de Mécène, et joyeux disait-il, de la beauté des flammes, il chanta en habit de théâtre la ruine d'Ilion[3].

---

[1] *Quod C. Plinius memorat*, Tacite, *Ann.*, XV, 53. Tacite renvoie encore à l'ouvrage historique de Pline, dans *Ann.*, I, 69; XIII, 20; *Hist.*, III, 28.
[2] Stace, I, *Silv.*, VII, 60-66.
[3] Suétone, *Ner.*, 38.

Il est impossible de ne pas sentir combien ce récit est inférieur à celui de Tacite. L'auteur des *Annales* reproduit, en les contrôlant, les sources contemporaines ; l'auteur des *Vies des Césars* résume plutôt, ici, les traditions populaires. Celles-ci ont déjà dénaturé et amplifié les faits, leur ont donné le contour vague de la légende. Tel détail, dans Suétone, rappelle un détail analogue dans Tacite, mais déformé: vu comme à travers un verre grossissant.[1] Sous son apparence, ces *cubicularii* de Néron de des consulaires sur préennent, la torche à la main, dans leurs maisons, sont une transposition des inconnus dont parle Tacite, qui, peut-être dans un but de pillage, activaient le feu, ou empêchaient de l'éteindre, en criant qu'ils avaient des ordres. Là où Tacite dit seulement que la rumeur populaire accusait Néron d'avoir pendant l'incendie chanté sur son théâtre la ruine de Troie, Suétone affirme qu'il la chanta du haut de la tour de Mécène en regardant brûler Rome, et ne s'inquiète pas de la contradiction qui probablement existe entre ce bruit répandu dans les milieux populaires et le fait que, d'après Tacite, Néron était à Antium quand l'incendie commença. Aussi ne me semble-t-il pas qu'il y ait à faire fond, pour les détails, sur la narration de Suétone ; et M. Pascal a tort, selon moi, de lui accorder une aussi absolue. Il en fait, cependant, l'un des principaux appuis de sa thèse : parce que saint Paul dit qu'il y avait des chrétiens de la maison de César (*Philip.*, IV, 2), il affirme, comme chose démontrée, que les césariens incendiaires dont parle Suétone étaient des chrétiens.[2] Cette affirmation n'est pas seulement dénuée de toute preuve, elle me paraît contraire à toute logique ; car, ou ces chrétiens esclaves agirent sans ordres, et il est inadmissible que la maison de l'empereur ait été assez peu disciplinée pour que des centaines, peut-être un millier[3] de serviteurs en aient pu sortir ainsi librement, à leur heure et selon leur fantaisie ; ou ils avaient des ordres de Néron, et l'on s'explique plus difficilement encore que Néron s'informant de ceux de ses esclaves qui étaient chrétiens, et les envoyant, à l'exclusion des autres, propager l'incendie dans Rome. Il faut remarquer que Suétone ne dit rien qui favorise des hypothèses aussi extraordinaires : bien plus, quand il parlera des mesures prises par Néron pour réprimer la *superstitio nova et malefica* des chrétiens, il le fera dans un autre chapitre, sans établir aucun lien entre la persécution et l'incendie.[5] Je crois être dans le vrai en disant que le récit de Suétone vaut, non pour renseigner sur les circonstances réelles de l'incendie,

---

[1] A propos de ce bruit, rapporté différemment par Tacite et par Suétone, M. Pascal émet une hypothèse très plausible : Néron, qui avait été témoin d'une partie de l'incendie de Rome, s'en inspira pour écrire un poème sur la ruine de Troie, que peut-être il chanta un jour sur le théâtre de son nouveau palais. De là se serait répandue, dans le peuple, l'idée qu'il avait chanté la ruine de Troie pendant l'incendie. *Fatti e Leggende*, p.

[2] Ne pas oublier que saint Paul donne à ces chrétiens le nom de saints, et paraît avoir d'eux-même estime toute particulière.

[3] Pascal, *Fatti e Leegende*, p. , note — Il convient de faire observer ici que rien, dans le passage de saint Paul cité à la note précédente, n'indique que les convertis de la maison de César aient été nombreux : c'est le contraire qui est vraisemblable.

[4] C'est cependant ce que, d'après M. Pascal, aurait cru Tacite : L'interpretazione mia fu, sempre, appunto questa : che, nella mente di Tacito, i colpevoli di aver appiccato le fiamme fossero i Cristiani, il colpevole di averlo ordinato fosse Nerone. *Fatti e Leggende*, p. ; cf. p. — M. Pascal parait joindre, comme complices de l'incendie, aux esclaves chrétiens de Néron les prétoriens convertis par saint Paul (*Philip.*, I,). Les mêmes objections s'appliquent, et à plus forte raison encore, à ces soldats.

[5] Suétone, *Nero*, . Voir, sur ce passage, mon *Hist. des persécutions pendant les deux premiers siècles*, 2e éd., p.

mais pour montrer que, dans le premier quart du second siècle, des deux hypothèses indiquées par Tacite une seule, celle de la culpabilité de Néron, avait été retenue par l'opinion publique.

Le récit de Dion Cassius[1] laisse une impression à peu près semblable. L'historien commence par raconter que Néron avait le désir insensé de verser de ruiner d'un seul coup Rome et l'Empire, et enviait Priam d'avoir assisté à la destruction de sa patrie. Puis il ajoute que Néron envoya des émissaires chargés de mettre secrètement le feu en divers endroits de la ville. Suit le tableau du désespoir du peuple, de la fuite éperdue des Romains chassés de leurs maisons par les flammes. Dion ajoute un détail, peut-être inspiré de Tacite : c'est que les soldats et les gens de police ne songeaient pendant ce temps qu'à piller, et augmentaient l'incendie au lieu de l'éteindre. Enfin, il raconte que pendant ce temps Néron, une lyre à la main, contemplait ce spectacle du haut d'une tour de son palais. Le récit de Dion, animé, pittoresque, mais peu précis, ne vaut évidemment, lui aussi, que pour attester la version qui avait prévalu à la fin du second siècle.

Il me semble que la cause est entendue. L'origine de l'incendie allumé dans Rome en 64 demeure un problème, qui probablement ne sera jamais résolu. Les contemporains l'attribuèrent, les uns au hasard, les autres à la scélératesse de Néron. Tacite indique ces deux hypothèses, et combine son récit de manière à mettre tour à tour en lumière les circonstances favorisent l'une et l'autre : il évite de se prononcer lui-même, et probablement n'a-t-il pas d'opinion arrêtée. Mais, après lui, la version de la culpabilité de Néron parait acceptée à la fois par le peuple et par les historiens. Quant aux chrétiens, Tacite seul a mêlé leur nom au récit de l'incendie de Rome : mais c'est pour dire que Néron essaya de détourner en les punissant les soupçons qui s'attachaient à lui-même. Nul écrivain païen ne songe à s'approprier cette invention calomnieuse de Néron. Aucun des ennemis du christianisme dont les écrits nous sont parvenus n'y fait même une lointaine allusion. Aucun des apologistes des chrétiens, qui consacrent tant de pages à réfuter les bruits injurieux répandus sur leur compte, n'a la pensée qu'il y ait à les défendre de celui-ci. La question ne se pose, chez les anciens, sous aucune des formes qu'elle eût pu prendre, histoire, pamphlet, apologie : à vrai dire, pour euxelle n'existe pas. Presque tous ceux qui ont à se prononcer sur la cause de l'incendie de Rome disent Néron. Tacite, plus circonspect, dit : Néron ou le hasard. Personne ne met en avant une troisième hypothèse, même pour l'écarter. Ignorée des quatre premiers siècles, l'idée de la culpabilité des chrétiens n'est née que de nos jours. Tant qu'on n'aura pas produit un témoignage antique qui lui donne quelque consistance, le devoir de l'historien sera de n'en pas tenir compte.

FIN DE L'OUVRAGE

---

[1] Dion Cassius, LXII, 68